CARMEN BERNOS DE GASZTOLD

Gebete aus der Arche

CARMEN BERNOS DE GASZTOLD

Gebete aus der Arche

Aus dem Französischen übertragen
von Bernardin Schellenberger

CLAUDIUS

FSC
www.fsc.org
MIX
Paper from responsible sources
FSC® C104814

Bibliografische Informationen Der Deutschen Nationalbibliothek
Die Deutsche Nationalbibliothek verzeichnet diese Publikation in der Deutschen Nationalbibliografie; detaillierte bibliografische Daten sind im Internet über <http://dnb.d-nb.de> abrufbar.

Birkerstraße 22, 80636 München
www.claudius.de

Umschlaggestaltung und Layout: Mario Moths, Marl
Druck: GrafikMedia Produktionsmanagement UG, Köln

ISBN 978-3-532-62438-8

INHALT

6 Gebet des Noah

8 Gebet des Hahns

10 Gebet des Hundes

12 Gebet des kleinen Vogels

14 Gebet der Katze

16 Gebet der Maus

18 Gebet des Schweinchens

20 Gebet der Ente

22 Gebet des Fohlens

24 Gebet der Lerche

26 Gebet des Esels

28 Gebet des Schmetterlings

30 Gebet des Ochsen

32 Gebet der Biene

34 Gebet des Affen

36 Gebet des Glühwürmchens

38 Gebet der Giraffe

40 Gebet der Eule

42 Gebet des Goldfischs

44 Gebet der Ameise

46 Gebet der Wildziege

48 Gebet des Elefanten

50 Gebet des Grashüpfers

52 Gebet der Schildkröte

54 Gebet des alten Gauls

56 Gebet des Raben

58 Gebet der Taube

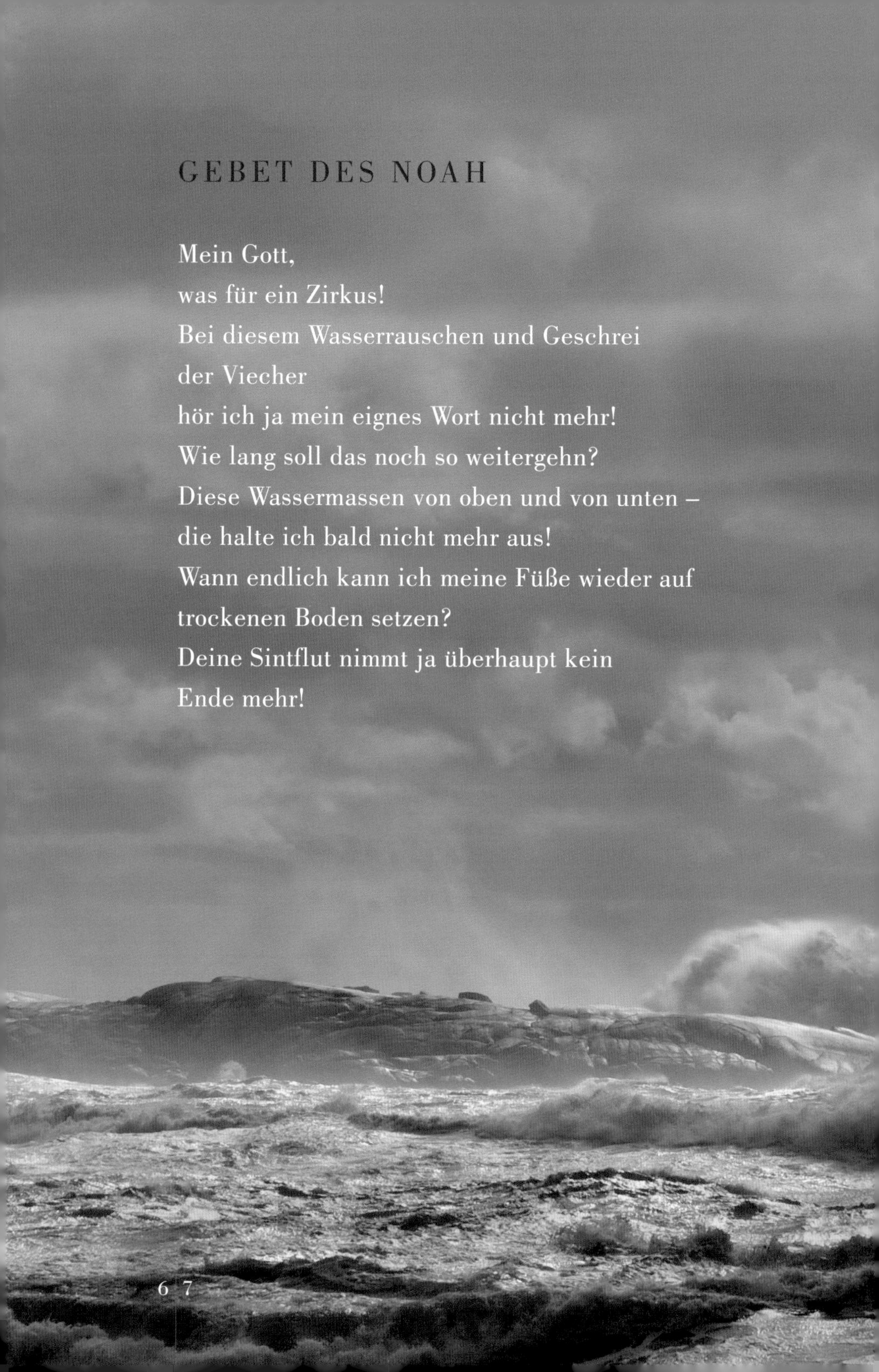

GEBET DES NOAH

Mein Gott,
was für ein Zirkus!
Bei diesem Wasserrauschen und Geschrei
der Viecher
hör ich ja mein eignes Wort nicht mehr!
Wie lang soll das noch so weitergehn?
Diese Wassermassen von oben und von unten –
die halte ich bald nicht mehr aus!
Wann endlich kann ich meine Füße wieder auf
trockenen Boden setzen?
Deine Sintflut nimmt ja überhaupt kein
Ende mehr!

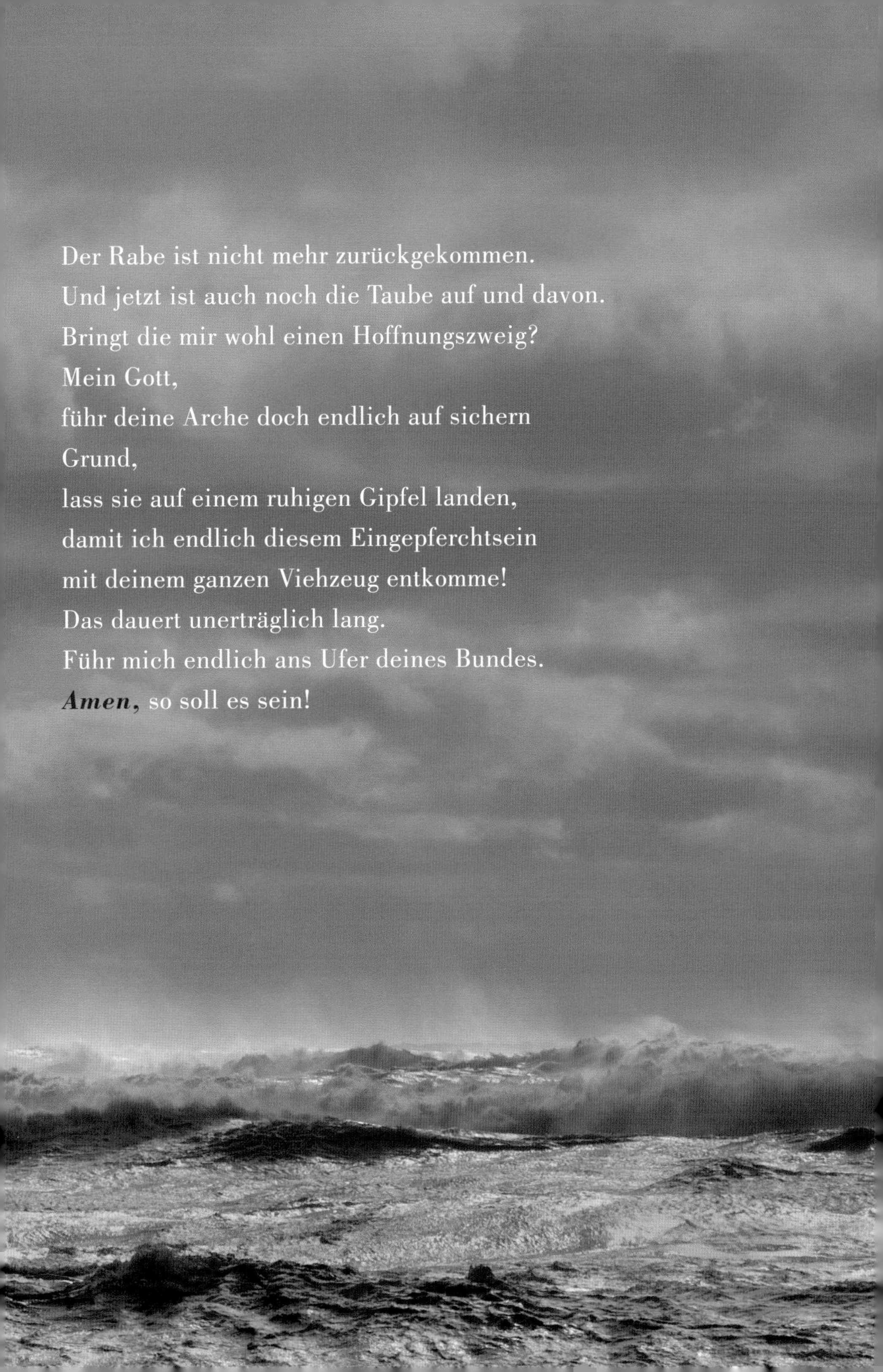

Der Rabe ist nicht mehr zurückgekommen.
Und jetzt ist auch noch die Taube auf und davon.
Bringt die mir wohl einen Hoffnungszweig?
Mein Gott,
führ deine Arche doch endlich auf sichern
Grund,
lass sie auf einem ruhigen Gipfel landen,
damit ich endlich diesem Eingepferchtsein
mit deinem ganzen Viehzeug entkomme!
Das dauert unerträglich lang.
Führ mich endlich ans Ufer deines Bundes.
Amen, so soll es sein!

GEBET DES HAHNS

Kikeriki, vergiss nicht, Gott:
Der Wecker für die Sonne, der bin ich,
treu auf Wache allezeit!
Ist doch klar: Ich bin drauf stolz,
ja kokett in meinem Amt,
muss das ja auch wirklich sein,
denn das ist doch Adelspflicht!
Aber schau, ich tu's für dich,
krähe mit geschwellter Brust:
Kikeriki, vergiss nicht, Gott:
Der Wecker für die Sonne, der bin ich!
Amen, so soll's immer sein!

GEBET DES HUNDES

Lieber Gott,
dauernd liege ich auf Wache!
Stell dir vor, ich wär' nicht da!
Wer denn passte auf die Leute und
das Haus hier auf?
Wer bewachte ihre Schafe?
Wer denn wäre ihnen treu?
Was wahre Treue ist,
das wissen doch bloß du und ich!
Zwar höre ich von ihnen Sprüche wie:
Guter Hund! Braver Hund!
Aber ich weiß nicht, ob sie wirklich wissen,
was sie an mir haben ...
Ich lasse mir ihr Streicheln halt gefallen
und benag die alten Knochen, die sie mir
hinwerfen.
Ich tu halt so, als sei ich damit ganz zufrieden!
Sie meinen, damit machen sie mir eine große
Freude.
Aber wie soll ein Mensch auch einen Hund
verstehen können?

Hie und da krieg ich von ihnen einen Tritt.
So sind sie halt, die Menschen!
Auf jeden Fall: Ich wache!
O Gott,
lass mich erst sterben,
wenn ihnen keinerlei Gefahr mehr droht!
Amen, so soll's immer sein!

GEBET DES KLEINEN VOGELS

Lieber Gott,
in bin so ganz allein und weiß gar nicht:
Wie soll ich denn beten?
Aber bitteschön, beschütz mein kleines Nest
vor Regen, Wind und bösen Räubern.
Die Blumen füll mir mit genügend Tau
und lass mich immer reichlich Würmer finden
oder Körner.
Lass den Himmel recht oft blau sein
und auf den Bäumen viele starke Zweige
wachsen.
Am Abend lass dein weiches Licht ganz lang
am Himmel stehen.
In meinem Herzen lass nie die Musik
verstummen,
denn ich will dir singen, singen, immer singen ...
Um all das bitt' ich dich, mein Gott.
Amen, so soll es sein!

GEBET DER KATZE

Lieber Gott,
ich bin die Katze!
Ehrlich gesagt, ich weiß gar nicht,
was ich mir von dir erbitten soll!
Weißt du,
das liegt mir nicht, das Bitten,
ich bin mir viel zu gut dafür!
Aber vielleicht hast du ja zufällig
in deinem Himmel etwas für mich übrig,
zum Beispiel eine kleine weiße Maus
oder eine Schale voller süßer Milch –
da wüsst' ich etliche, die dafür dankbar wären ...
Und noch eins fällt mir ein:
Du tätest gut daran,
dereinst sämtliche Hunde streng zu strafen,
weil die uns Katzen nichts als hassen.
Wenn du das tätest, würd' ich dazu sagen:
Amen, so soll es sein!

GEBET DER MAUS

Ich bin so grau,
dass du, o Gott, mich sicher dauernd übersiehst.
Mir lauern ständig alle auf,
stellen mir Fallen und wollen mich ums
Leben bringen.
So tripple und knabbere ich mich ängstlich durch
mein Dasein.
Du hast mich nicht besonders kräftig
ausgestattet.
Warum mag mich bloß kein Mensch,
nur weil ich eine Maus bin?
Schließlich hast du mich doch geschaffen!
Ich will dich gar nicht um viel bitten,
sondern frage bloß:
Kannst du mir nicht besser beim Verstecken
helfen?
Und vielleicht noch zwei andre Bitten:
Lass mich für jeden Tag mein Fressen finden,
dass ich nicht Hunger leiden muss.

Und halt mich außer Reichweite der Krallen
dieses Teufels mit den grünen Augen,
der ständig lauert, mich zu schnappen.
Amen, so soll es sein!

GEBET DES SCHWEINCHENS

Lieber Gott,
wie lächerlich höflich diese Menschen alle miteinander sind!
Ich bin da anders: Ich grunze jeden einfach an.
Ich grunze und schnaube!
Ich grunze, weil ich grunze!
Und ich schnaube, weil ich nicht anders kann!
Soll ich mich etwa bei ihnen bedanken,
dass sie mich füttern, damit ich möglichst fett werde?
Warum hast du mein Fleisch so schmackhaft gemacht?
Wie konntest du für mich das Schicksal vorsehen,
geschlachtet zu werden?
Mein Gott, ich versteh dich nicht.
Hilf mir, so weit zu kommen, dass ich sagen kann:
Amen, so sei es eben!!

GEBET DER ENTE

O Gott, sorg immer für genügend Wasser!
Lass es morgen und immer regnen.
Gib mir viele kleine Schnecken
und andere gute Sachen zum Fressen.
Nimm das gesamte Schnattervolk
und auch alle andern, die schwimmen können,
unter deinen Schutz.
Dann schnattern wir dir gern
unser ***Amen,*** so sei es!

GEBET DES FOHLENS

Lieber Gott, ist das Gras schön frisch!
Mich juckt es in den Hufen, ich will springen,
doch warum bin ich nur so schreckhaft?
Ich galoppiere über die Wiese –
wie meine Mähne im Wind flattert!
In galoppiere im Kreis –
wie die vielen Düfte mein Herz betören!
Ich galoppiere –
und stolpere über meine eigene Freude,
bin befangen
von meinen zu großen Augen,
meinen Augen, die zu empfänglich sind
für alles Unruhige in der Welt ...
Lieber Gott,
wenn die rätselhafte Nacht
an den Rändern des Tageslichts zu nagen
anfängt,
lass dich rühren
von meinem klagenden Wiehern.

Lass mir dann einen Stern aufgehen,
der mich in meiner Angst beruhigt.
Amen, so sei es!

GEBET DER LERCHE

Hier bin ich, o mein Gott,
hier tirilier ich dir mein Lied!
Du reißt mich von der Erde hoch,
dass ich mich aufschwinge zu dir,
dass ich dir zujuble, ganz außer mir,
aufsteige bis zu jenem Punkt am Himmel,
an dem du mich kurz hängen lässt,
als sei's am Kreuz.
Wann endlich nimmst du mich ganz bei dir auf?
Muss ich noch unzählige Male
vom Himmel auf den Boden fallen,
ich armer, aus dem Lehm geformter Vogel,
zurück in dieser Erde Furchen?
Ich will im Jubel meine Armut dir
entgegenschwingen,
hinauf bis in dein herrliches Erbarmen,
mit einer Hoffnung, die nicht müde wird
bis über meinen Tod hinaus.
Amen, so soll es sein!

GEBET DES ESELS

Mein Gott, du hast mich so gemacht,
dass ich immer weite Wege trotten muss,
beladen mit schweren Lasten,
ständig geschlagen, dass ich weitergeh'!
Schenk mir Ausdauer und Geduld.
Kannst du mir nicht jemanden schicken,
der mich versteht und Mitleid mit mir hat?
Ich müsste dann nicht länger ständig I-A klagen,
weil sie mich verspotten und misshandeln.
Lass mich auch gute Disteln finden
und die Zeit haben, sie in Ruhe mir zu rupfen.
Und eines Tages stell mich bitte
zu meinem berühmten Bruder an die Krippe.
Amen, so soll's immer sein!

GEBET DER BIENE

O Gott,
ich verachte ganz bestimmt nicht deine Gaben!
Du hast eine Fülle von Süßigkeiten ausgestellt,
die ich voller Freude sammeln kann.
Hab Dank dafür!
Aus ungezählten Kelchen darf ich deine
Liebe trinken!
Die Blütenkelche deiner vielfältigen Geschöpfe
bieten mir Quellen der Freude und des
Friedens ohne Zahl.
Mein kleiner Anteil emsig summenden Lebens
vereine sich mit der großen Gemeinschaft
aller Wesen,
die dich verherrlichen.
Wir alle wollen summen im Tempel der Welt,
ihn mit Wohlgeruch erfüllen,
ja zur Wabenkerze werden lassen,
die deine Gnadengaben birgt,
diese Gaben, die ich mitgeschaffen habe
mit meiner verborgenen Arbeit im Dunkeln.
Amen, so sei es!

GEBET DES AFFEN

Mein Gott,
warum hast du mich so hässlich erschaffen?
Mein Gesicht wirkt derart lächerlich,
dass ich zum Spaß andauernd Grimassen
schneiden muss.
Muss ich denn für immer
der Clown in deiner Schöpfung bleiben?
Wer nimmt die Schwermut meines
Herzens von mir?
Lässt du nie den Tag für mich kommen,
an dem mich jemand wirklich ernst nimmt?
O Gott,
Amen, so soll es sein!

GEBET DES GLÜHWÜRMCHENS

Mein Gott,
verschone mich doch etwas mehr
vor deinem allzu hellen Licht!
Darin bin ich ja nur
ein kleiner fahler Krümel!
Ich brauche deine Nacht!
Darin erst wagt mein Herz es,
seinen schwachen Hoffnungsstern
zitternd aufglimmen zu lassen,
um anderen Herzen jene zarte Freude zu erschließen,
die jede Armut in sich birgt.
Amen, so sei es!

GEBET DER GIRAFFE

Mein Gott,
ich seh' die Welt nur immer von hoch oben
und mir sind ihre Kleinlichkeiten fremd.
Wie soll ich da verstehen können,
dass du die Kleinen ganz besonders liebst?
Was soll dieses Getratsche all der kleinen Affen?
Ehrlich gesagt, ich tu mich leichter damit,
dich in den großen Dingen zu erkennen.
Ich lebe ja von solchen hoch gehängten Sachen ...
Darum stelle ich mir ganz gerne vor,
dass ich deinem Himmel ganz besonders nahe bin.
Das Niedrige ...
ist das nicht alles bloß ein Affentheater?
Amen, so sei es!

GEBET DER EULE

Staub und Asche!
O Gott,
ich bin nur Staub und Asche!
Ich habe bloß meine zwei Positionslichter
mit ihrem Mondenschimmer.
Wie Brillengläser hängen sie auf meinem
Schnabel
und blinken schwach in allen Nächten.
O Gott, dein Licht hass' ich zwar nicht,
aber ich seufze, weil ich's nicht begreife,
ich Feindin dieses Volks, das nächtens
deine Getreidefelder plündert.
Mein Huhuschrei wirkt unheimlich,
er macht die Herzen traurig.
O mein Gott, rührt er dich denn jemals,
sodass du mit mir Mitleid hast?
Amen, so sei es!

GEBET DES GOLDFISCHS

Mein Gott,
ich kreise endlos um diesen durchsichtigen,
harten Felsen
und finde einfach keinen Ausgang!
Befreie mich aus diesem engen Wasser
und von diesen unheimlichen Dingen auch,
die ich da draußen sehe!
Versetz mich wieder in die Freiheit deiner Flüsse
und deiner frischen, klaren Quellen!
Lass mich nicht immer nur der kleine
Goldfisch sein
in seinem gläsernen Gefängnis,
sondern ein lebendiges Feuerzünglein
im Gewässer zwischen grünem Schilf ...
Amen, so mög' es sein!

GEBET DER AMEISE

O Gott,
sie machen mich dauernd schlecht!
Für alle bin ich die, die sprichwörtlich und
unermüdlich
immer bloß rafft, sammelt und
zusammenschleppt!
Es stimmt ja: Ich bin ständig am
Zusammentragen
und bringe ganz schön viel auf einen Haufen!
Aber habe ich denn nicht das Recht,
die Frucht meiner Arbeit auf meine Weise zu
genießen,
ohne dass irgendwelches leichtlebige Sängervolk
sich über meine Speichervorräte lustig macht?
Deine Gerechtigkeit hat einige Züge an sich,
die ich nicht recht verstehe!
Falls ich dir einen Rat geben darf:
Du müsstest da vielleicht einiges ändern.
Ich habe noch nie jemandem auf der Tasche
gelegen

und ohne angeben zu wollen:
Ich komme immer recht gut aus eigenen Kräften
über die Runden.
Wenn da manche in ihrem Leichtsinn
unverbesserlich sind
und nie vorausschauend planen,
soll ich dazu in Ewigkeit nur immer wieder
sagen:
Amen, so soll es sein?

GEBET DER WILDZIEGE

O Gott,
ich will meine Fantasien ausleben können!
Ich brauch' ein gut Stück wilde Freiheit,
immer ein bisschen Aufregung und Verwirrung
im Herzen
und den eigenartigen Geschmack mir
unbekannter Blumen.
Für wen sonst stünden deine Berge da
und wehte der Wind mit seinem Geruch nach Schnee und
nach Quellen?
Die Schafe haben dafür keinen Sinn.
Sie grasen und grasen den ganzen Tag
immerzu eintönig vor sich hin
und dann käuen sie alles endlos wieder
in ihrer hirnlosen Routine ...
Mir ist es lieber, mit fröhlichem Herzen
mich verrückt zwischen deinen Geschöpfen zu
tummeln,

die Schluchten zu überspringen
und auf den Gipfeln meiner Welt
mit dem Maul voller frischer Kräuter
vor abenteuerlicher Freude zu erbeben.
Amen, so soll es sein!

GEBET DES ELEFANTEN

Lieber Gott,
ich bin's, der Elefant,
dein Geschöpf.
Ich will mit dir reden ...
Ich schäme mich etwas für mein Wesen,
aber ich selbst kann ja nichts dafür,
dass ich deinen Dschungel
mit meinen Riesenfüßen
ziemlich zertrample ...
Hilf mir, mich klug und scharfsichtig zu
verhalten.
Schenk mir die Gabe, Philosoph zu sein,
damit ich mir meine Würde und mein
Gleichgewicht
immer bewahre
und überall, wo ich bin,
die humorvolle Seite der Dinge genießen kann ...
Amen, so sei es!

GEBET DES GRASHÜPFERS

Lieber Gott,
ich bin ganz klein und ziemlich grün
aber ich danke dir dafür,
dass du mein schlichtes Leben
umschmeichelst mit der Wärme deiner Sonne
und es umgibst mit dem Zittergold deines
Getreides ...
Nimm huldvoll entgegen,
was ich dir im armseligen Schwung meiner
Liebe darbiete:
dieses kleine Musikstück,
das du in meinem Herzen hast aufspringen
lassen!
Amen, so sei es!

GEBET DER SCHILDKRÖTE

Geduld, Geduld,
lieber Gott,
ich komm ja schon!
Man muss die Dinge nehmen, wie sie sind!
Nicht ich hab sie ja so gemacht!
Ich will gar nicht jammern über dieses schwere
Haus auf meinem Rücken:
Es hat ja etwas Gutes an sich.
Aber du musst zugeben:
Mühsam ist es schon, das dauernd mit mir
rumzuschleppen.
Immerhin, ich kann mich jederzeit zurückziehen
und gleich zweimal hinter mir zusperren:
dieses Gehäuse und mein Herz.
Ich hoffe nur, dass du
trotzdem immer zu mir hereinfindest!
Amen, so sei es!

GEBET DES ALTEN GAULS

O Gott, du siehst:
Mein Gewand löst sich auf und wird immer
schäbiger,
wie ein abgetragener Wollstoff!
Ich habe bei harter Arbeit
alle Freude verbraucht, die ich hatte,
und auch alle Kraft.
Ich habe mich völlig verausgabt.
Jetzt ist mein Kopf leer
und mein Herz recht einsam.
Ich steh auf meinen großen Hufen
ganz steifbeinig da
als dein ganz und gar nutzloser Diener.
Sieh doch bitte für mich
einen süßen Tod vor!
Amen, so soll es sein!

GEBET DES RABEN

Krah, krah, ich glaub, Gott, ich glaub!
Der Glaube rettet, hast du gesagt.
Ich glaub, dass du die Welt für mich gemacht
hast,
denn sie stirbt und ich fress' ihre Reste!
Mein schwarzes Totengräberkleid
passt gut zu meinem alten, zynischen Herzen.
Mein Rabesein spielt sich ganz unten ab,
zwischen dir und diesem Leben,
auf dessen Ende ich lauere,
um dann seine Reste zu verzehren!
O ich kräh: „Vor mir die Sintflut!“
Welch ein Fest!
Ich komm nie mehr in die Arche heim!
In die Arche ...
Würde ich doch nur dieses schreckliche
Heimweh nach ihr los!
Amen, so sei es eben!

GEBET DER TAUBE

O Gott, die in der Arche warten,
sie warten, dass du dich endlich um sie
kümmerst!
Und das Zeichen deines Friedens ...
das bin ich, die schlichte Taube!
Ja, schlicht bin ich
wie die milde Liebe, die von dir ausgeht.
Die in der Arche warten,
o Gott!
Sie haben viel durchgemacht ...
Lass mich ihnen diesen Zweig der Hoffnung
und der Freude bringen!
Ich will ins Herz ihrer Verlassenheit
die makellose Gnade senken,
mit der deine Liebe mich gesegnet hat!
Amen**,** so soll es sein!

QUELLENVERZEICHNIS

Vorsatz
© Alexey Stiop/ iStockphoto

S. 6-7
© Steven Hayes/ iStockphoto

S. 9
© cnaumann/ Fotolia.com

S. 11
© Eric Isselée/ Fotolia.com

S. 13
© K.-U. Häßler/ Fotolia.com

S. 15
© Steven Heap/ iStockphoto

S. 17
© Alex Ishchenko/ Fotolia.com

S. 19
© Anatolii/ Fotolia.com

S. 21
© Andy Gehrig/ iStockphoto

S. 23
© Nadine Haase/ Fotolia.com

S. 25
© Johan Swanepoel/ iStockphoto

S. 27
© Eric Isselée/ Fotolia.com

S. 29
© tavi/ Fotolia.com

S. 31
© oksix/ Fotolia.com

S. 33
© kesipun/ Fotolia.com

S. 35
© Eric Isselée/ Fotolia.com

S. 37
© Suphakit73/ Dreamstime.com

S. 39
© Laura Gomez/ Fotolia.com

S. 41
© Karel Broz/ iStockphoto

S. 43
© mehmet torlak/ iStockphoto

S. 45
© Eric Isselée/ Fotolia.com

S. 47
© Eric Isselée/ Fotolia.com

S. 49
© Taalvi/ Fotolia.com

S. 51
© Antagain/ iStockphoto

S. 53
© alex.pin/ Fotolia.com

S. 55
© Eric Isselée/ Fotolia.com

S. 57
© Ivan Bliznetsov/ iStockphoto

S. 59 Taube
© Irochka/ Fotolia.com

S. 59 Zweig
© AndreaAstes/ iStockphoto

Nachsatz:
© Alexey Stiop/ iStockphoto